COME APPLICARLI

1

Scegli un'immagine e ritagliala.
Rimuovi la pellicola protettiva.

2

Posiziona il tatuaggio a faccia in giù sulla pelle.

3

Bagna la carta con dell'acqua tiepida usando una spugna o una salvietta.

4

Esercita una leggera pressione sulla carta per 20-30 secondi.

5

Rimuovi la carta e fai asciugare il tatuaggio.

Per sicurezza, non applicare i tatuaggi sul viso o sul collo.

COME RIMUOVERLI

Tampona il tatuaggio con dell'olio per bambini.

Aspetta 10 secondi, poi strofina delicatamente e ripeti fino alla rimozione.

Il tatuaggio scomparirà spontaneamente dopo qualche giorno.

IMPARA A DISEGNARE

Tenendo salda la matita, completa la sagoma della nave dei pirati unendo i puntini dall'1 al 15.

Suggerimento per creare tatuaggi

Le forme più semplici sono le migliori, senza troppi dettagli.

Suggerimento per disegnare

Prova a formare una linea continua per ottenere una curva regolare.

SUPERTATUAGGI
PIRATI

EDIBIMBI

DIVENTA UN TATUATORE!

I tatuaggi appaiono come per magia!

Questo libro contiene più di 100 fantastici tatuaggi sui pirati e sul loro mondo.

Come forma di body art, questi tatuaggi temporanei durano diversi giorni. Il libro presenta anche delle idee su come usarli in maniera alternativa. Troverai poi pagine da colorare, curiosità sui pirati e un quiz.

Vuoi imparare a disegnare come un tatuatore? Esercitati a disegnare delle figure usando questa sagoma di spade, poi colorala.

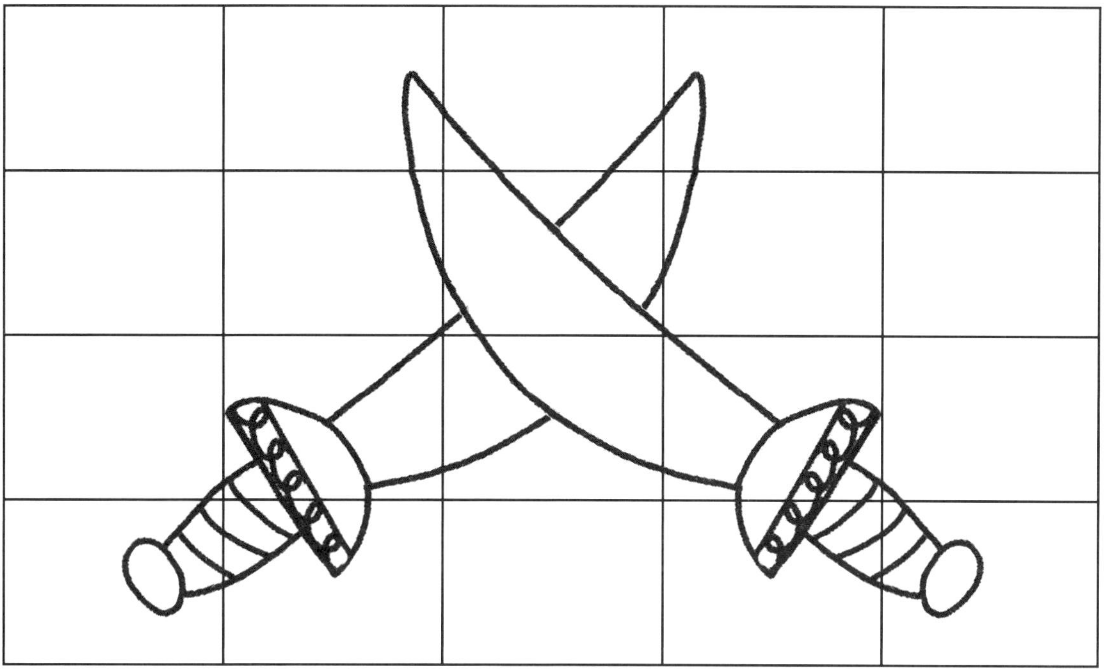

Ricopia la sagoma nella griglia qui sotto, lavorando a un riquadro alla volta e seguendo le linee con precisione per ricreare l'immagine.

CREA I TUOI DISEGNI

Decora la figura con i tuoi tatuaggi personali. Attieniti al tema dei pirati o inventa qualcosa di totalmente diverso!

Traccia la sagoma delle immagini con una penna nera e poi colorale. È così che fanno i veri tatuatori!

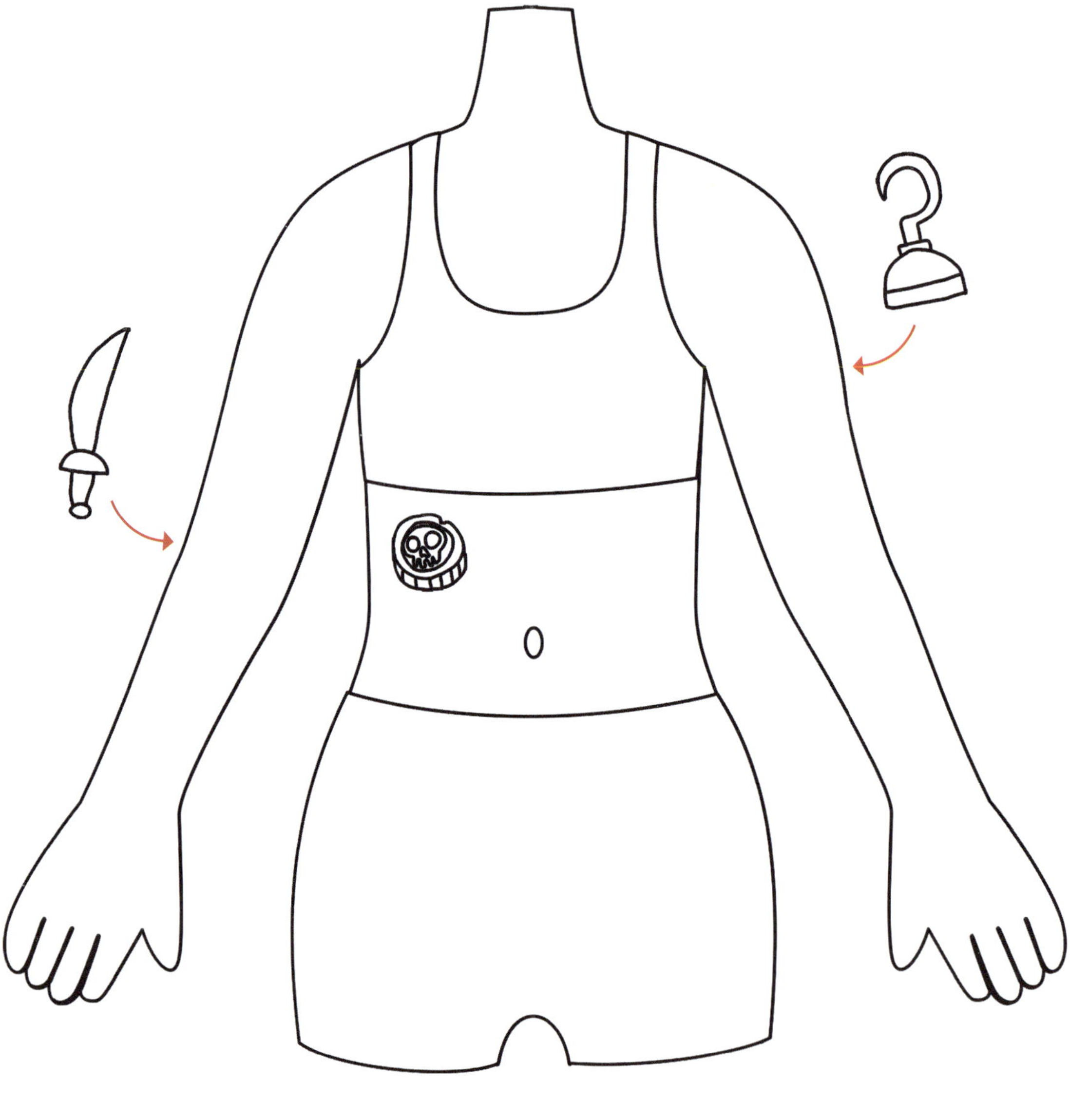

Colorami!

CREA I TUOI DISEGNI

Decora la figura con i tuoi tatuaggi personali. Attieniti al tema dei pirati o inventa qualcosa di totalmente diverso!

olorami!

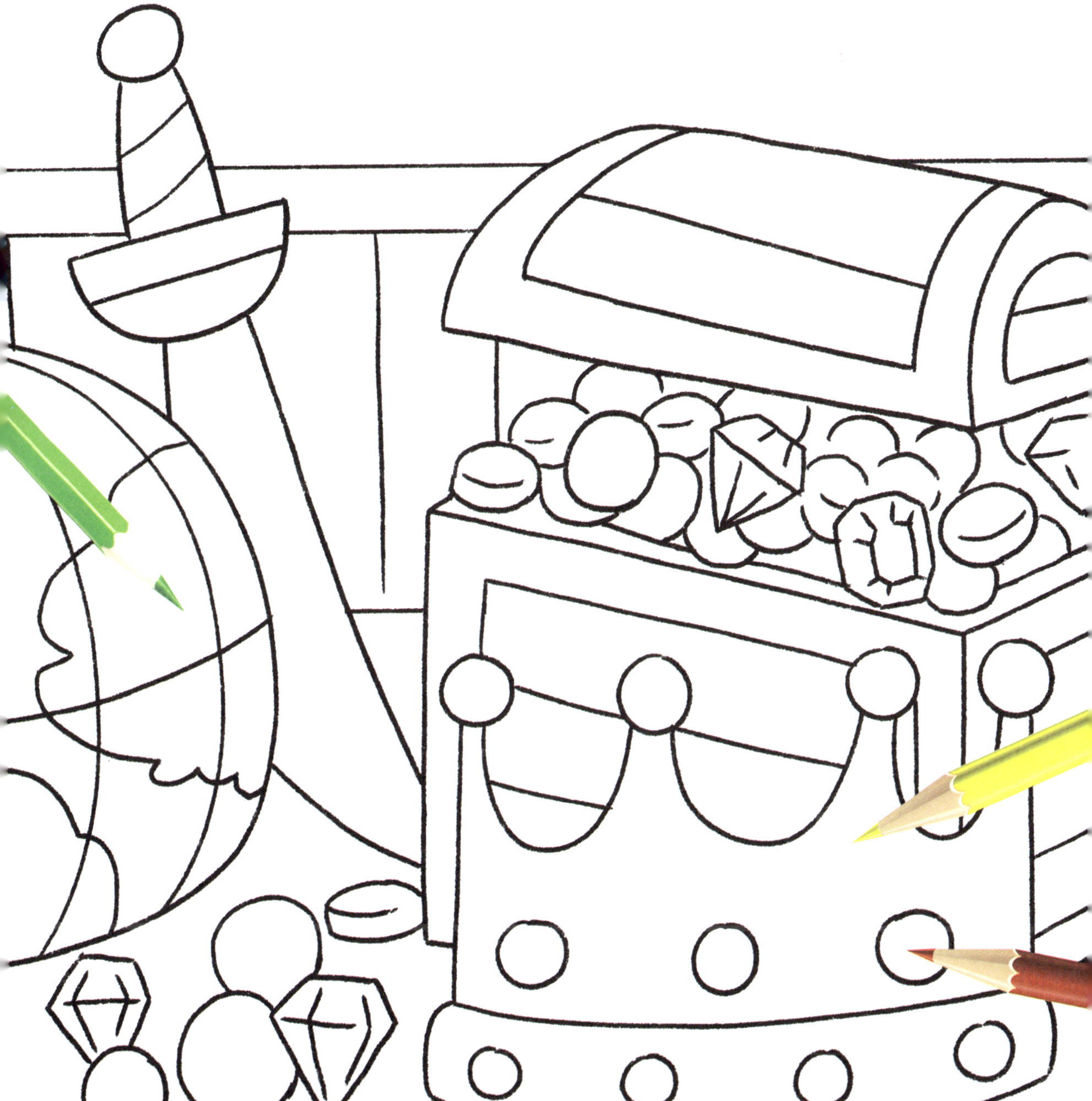

CREA I TUOI DISEGNI

Decora anche queste gambe con i tuoi tatuaggi personali. Attieniti al tema dei pirati o inventa qualcosa di totalmente diverso!

Come prima, traccia la sagoma delle immagini con una penna nera e poi colorale.

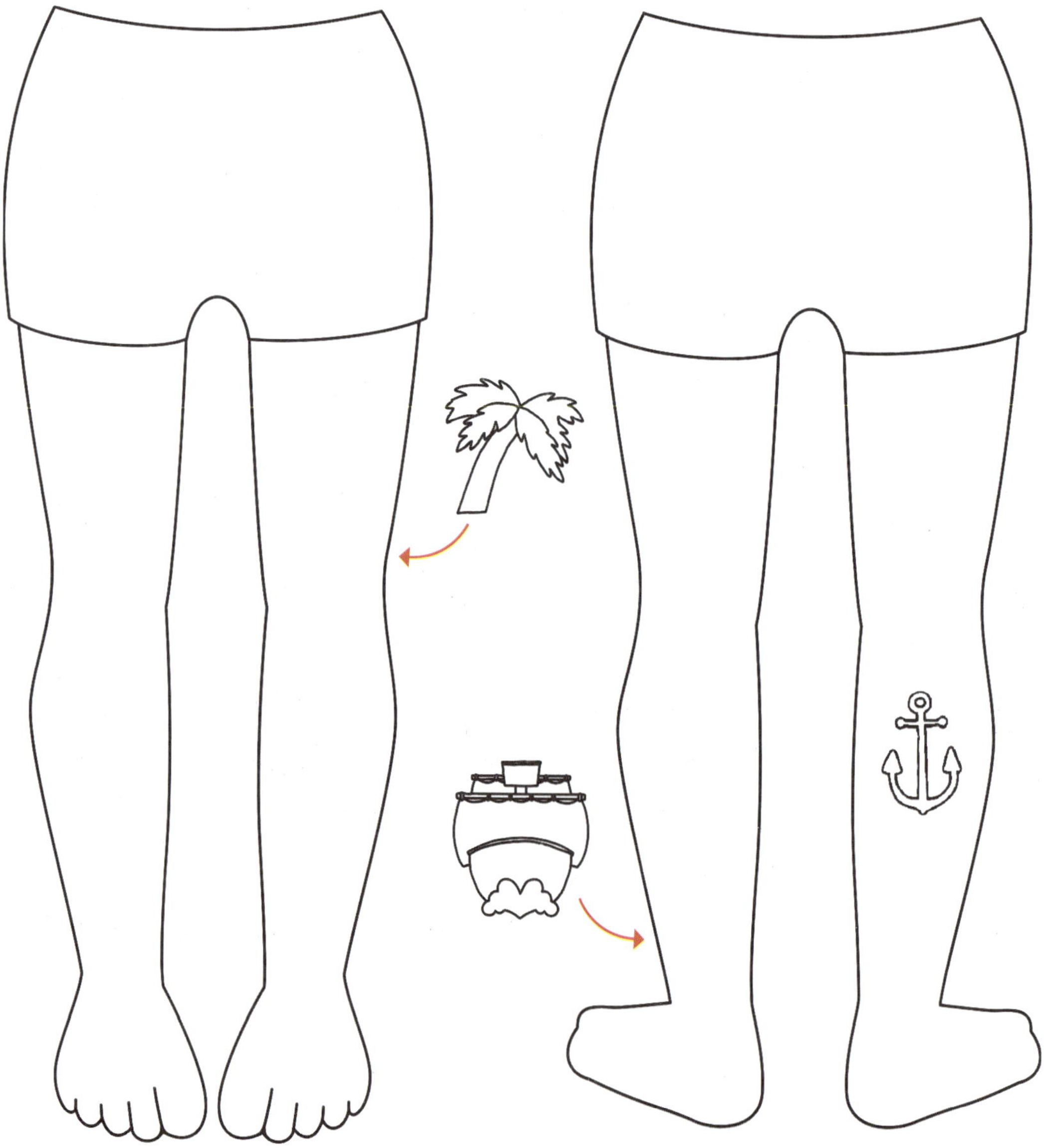

Colorami!

CREA I TUOI DISEGNI

Decora anche queste gambe con i tuoi tatuaggi personali. Attieniti al tema dei pirati o inventa qualcosa di totalmente diverso!

Colorami!

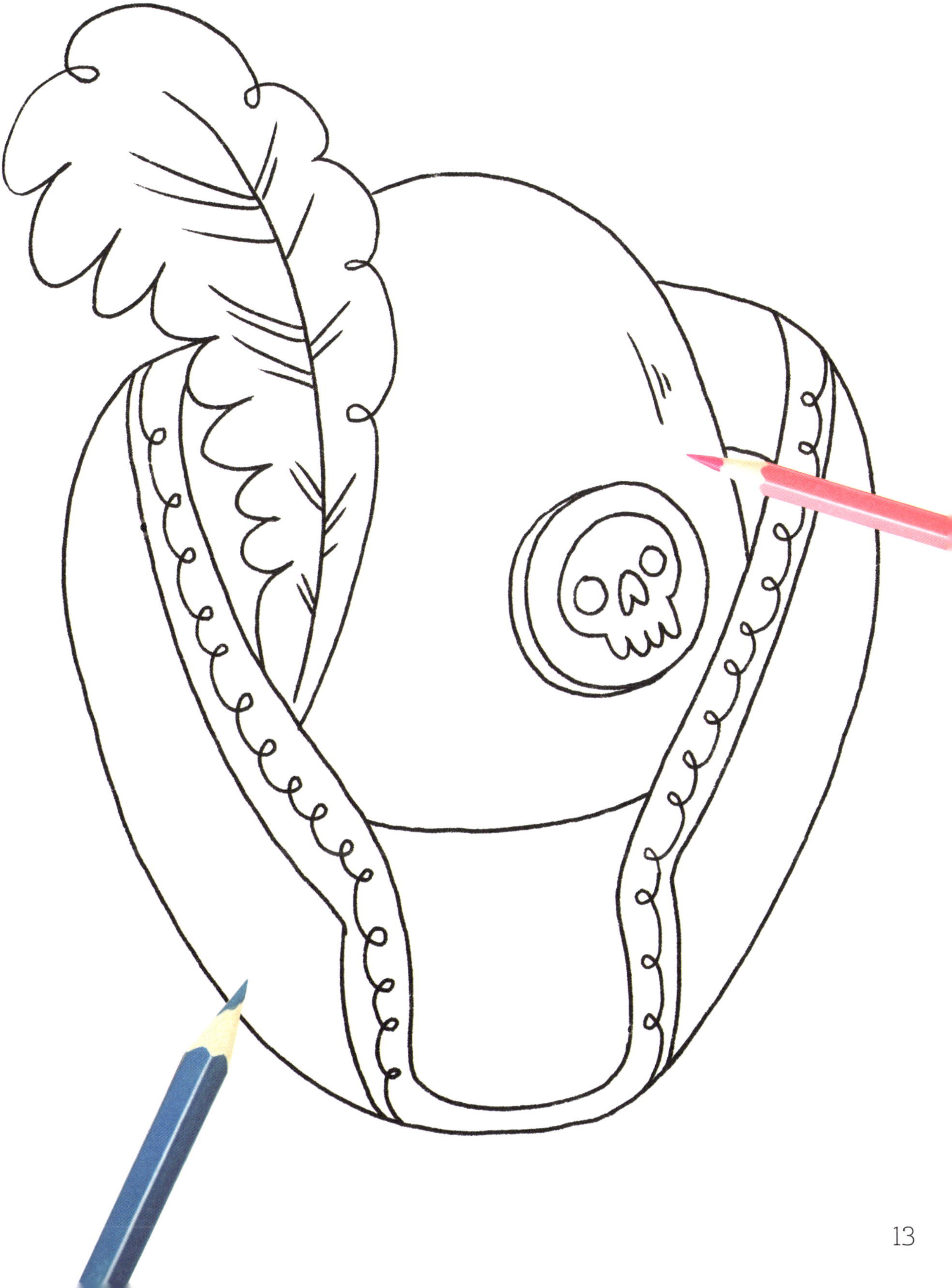

ALTRE IDEE

Esistono molti modi creativi per usare i tatuaggi, oltre che sulla pelle. L'unico limite è la tua immaginazione!

Puoi usarli per creare un album di ritagli o per illustrare un progetto sui pirati. Oppure basta usarli come adesivi e attaccarli sulla copertina di un quaderno o di un diario.

E se li usassi per dare un tocco di colore agli eventi più speciali dell'anno? Pensa a come starebbero bene sulle tue uova di Pasqua, sulle zucche di Halloween o, ancora, se li trasformassi in colorate decorazioni natalizie!

Ravviva le superfici spoglie delle porte, degli specchi o delle finestre con uno o due tatuaggi a tema piratesco. O perché no? Attaccali su vasi e piante!

Ricordati di chiedere sempre il permesso a un adulto!

olorami!

ARRIVANO I PIRATI!

All'epoca in cui enormi quantità di merci preziose (stoffe, grano, spezie, ma soprattutto gemme e monete) venivano spedite dai mercanti europei verso regioni lontane del mondo, c'erano molti pirati. Trasportare questi tesori per i vasti oceani, lontano dalla protezione della marina militare e di altre navi, era una missione lenta e pericolosa. I pirati sono noti fin da quando gli antichi greci e romani iniziarono a commerciare per vie marittime, ma tra il 1650 e il 1720 erano in migliaia a vagare in alto mare. Questo periodo è noto come "l'età dell'oro" della pirateria e molti di essi, anche detti predoni del mare, divennero noti per i loro temibili attacchi.

I pirati erano abili marinai e ladri esperti. Molti avevano imparato a combattere prestando servizio nella marina militare che la maggior parte dei Paesi europei possedeva per difendere le proprie terre e acque o per rivendicare nuovi territori. I pirati dovevano essere capaci di navigare in sicurezza durante le tempeste e di conoscere le rotte che i loro bersagli, le navi commerciali, avrebbero seguito.

Una volta avvistata una nave di questo tipo, i pirati la inseguivano e cercavano di "arrembarla", cioè assaltarla e salire a bordo. Per i marinai comuni, la vista di una frotta di pirati, armati di spade o pistole, era terrificante. Questi uomini e donne, rudi e agguerriti, costringevano il capitano e l'equipaggio a consegnare il loro carico, altrimenti venivano uccisi e gettati in mare. Essere costretti a "camminare sull'asse" fino a cadere in acqua era una triste fine per i prigionieri dei pirati.

A volte i pirati si impadronivano della nave e del suo tesoro e issavano la loro bandiera, la Jolly Roger, con un teschio bianco e due tibie incrociate. I marinai comuni avevano sentito parlare degli atti di pirateria e sapevano che, alla vista di una nave con la bandiera nera, non ci sarebbe stata pietà: o arrendersi o combattere fino alla morte.

Sembra assurdo, ma sulle navi pirata c'erano rigide regole. Tutti i pirati dovevano svolgere delle mansioni a bordo e i tesori venivano ripartiti secondo un accordo preciso. Ma soprattutto, non potevano verificarsi litigi e scontri sulla nave: i pirati potevano combattere solo raggiunta la terraferma!

I giorni trascorsi in mare potevano essere lunghi e solitari sia per i marinai sia per i pirati, con poco con cui distrarsi. Nessuno sa con certezza se i pirati tenessero davvero dei pappagalli a bordo come animali domestici, anche se di certo trovavano questi uccelli intelligenti e loquaci sugli alberi delle coste e delle isole tropicali. La frase insolente "pezzi da otto", che si dice venisse ripetuta dai pappagalli dei pirati, fa riferimento al tesoro rubato dalle navi. Le monete d'argento usate come denaro in tutte le terre rivendicate dalla Spagna potevano essere tagliate in otto parti uguali e questi "pezzi da otto" venivano distribuiti come resto.

LA STORIA DEI PIRATI

Più di 500 anni fa, in seguito alla rivendicazione spagnola da parte del grande navigatore Cristoforo Colombo del "Nuovo Mondo", che oggi chiamiamo Americhe, i galeoni in legno attraversavano l'Oceano Atlantico carichi di tesori destinati alla Spagna: argento, oro e gemme preziose, ovvero le ricchezze del popolo azteco che viveva in Messico. Queste navi divennero un facile bersaglio per molti pirati, desiderosi di appropriarsi di quei tesori che li avrebbero arricchiti non poco.

Le isole dei Caraibi divennero il centro della loro area d'azione perché si trovavano vicino alle rotte commerciali percorse da molti mercanti. Alcuni pirati venivano pagati dai governanti delle isole per compiere incursioni sulle navi spagnole e portare loro il tesoro. Ben presto, però, si misero a lavorare per conto proprio.

È facile immaginare perché la vita da pirata attirasse molti poveri, soprattutto quelli che si trovavano a vivere in condizioni di miseria, alle prese con malattie e povertà estrema. Senza lavoro, senza denaro e senza speranza di migliorare la propria sorte, i giovani, molti dei quali ancora adolescenti, desideravano fuggire e avventurarsi in alto mare e in terre straniere. La vita dei pirati sembrava molto più entusiasmante, così come i racconti delle soleggiate isole caraibiche con palme, mari caldi e rum per fare il "grog", il loro drink preferito!

Alcuni pirati divennero famosi per le loro imprese audaci e per la loro ricchezza, e questo ne aumentò il fascino. Probabilmente il più famoso fu l'inglese, Edward Teach, noto come Barbanera, temuto da tutti i marinai. Fedele al suo soprannome, aveva una lunga barba che gli nascondeva gran parte del viso. Cercava di apparire il più minaccioso possibile, una tattica che usava per terrorizzare l'equipaggio e indurlo a consegnare il tesoro senza combattere. Chiunque gli avesse opposto resistenza sarebbe stato ucciso o abbandonato su un'isola deserta.

Non tutti però consideravano i pirati come dei ladri. Sir Francis Drake fu nominato cavaliere dalla regina Elisabetta I d'Inghilterra per aver compiuto il giro del mondo a vela tra il 1577 e il 1580. In realtà, lo aveva inviato in missione segreta come pirata oltre che come esploratore. I pirati che venivano pagati per le loro spedizioni erano noti come corsari e in questa veste Drake trascorse molti mesi a razziare galeoni e porti marittimi lungo la costa del Sud America, allora di proprietà spagnola. Si dice che da una sola nave abbia saccheggiato diversi forzieri pieni di monete, 80 libbre d'oro e 26 tonnellate d'argento. Quando tornò in Inghilterra, Drake era il pirata più ricco del suo tempo e il re di Spagna offrì un'enorme ricompensa per la sua cattura.

ALLA RICERCA DI...

CERCHIA QUESTI ELEMENTI

8x  5x  2x 

4x  3x  4x 

IL LABIRINTO DEL PIRATA

Risolvi il labirinto e, come ricompensa, usa i relativi tatuaggi!

CURIOSITÀ SUI PIRATI

Cosa sai sui pirati?

Ecco alcune curiosità affascinanti! Leggi con attenzione: ti aspetta un quiz alla fine del libro.

La maggior parte dei pirati erano uomini, ma c'erano anche delle donne! Mary Read e Anne Bonny furono delle famose piratesse.

Molte convinzioni sui pirati derivano da libri e film, e non sono vere. Tuttavia, la bandiera con il teschio e le tibie incrociate, conosciuta come Jolly Roger, veniva usata davvero.

I pirati portavano una benda sull'occhio in modo che un occhio si abituasse a vedere al buio! Era un'abilità importante per cogliere di sorpresa il nemico, ma anche per stare sottocoperta.

Il tesoro dei pirati poteva essere qualsiasi tipo di carico trasportato sulle navi. In particolare, gioielli o monete, ma anche legno, seta, spezie, sapone o cacao.

I pirati dovevano accettare una serie di rigide regole. Se le infrangevano, andavano incontro a pene severe, come la fustigazione o addirittura la morte!

I pirati non seppellivano quasi mai i tesori: volevano la loro parte il prima possibile... per spendere tutto!

Il temutissimo pirata Barbanera era solito accendere piccole micce sotto il proprio cappello come tattica per spaventare i nemici!

QUIZ SUI PIRATI

Ti ricordi le curiosità che hai letto prima?
Verifichiamo le tue conoscenze sui pirati!

1 Anche le donne diventavano piratesse?

- [ ] sì
- [ ] no

2 Perché i pirati indossavano la benda sull'occhio?

- [ ] per il loro aspetto
- [ ] per vedere al buio

3 Come si chiamava la bandiera dei pirati?

- [ ] Happy Harry
- [ ] Jolly Roger

4 I pirati dovevano seguire delle regole a bordo della nave?

- [ ] sì
- [ ] no

5 Quale di questi è un vero tesoro dei pirati?

- [ ] i lego
- [ ] le spezie

Risposte 1. sì 2. per vedere al buio 3. Jolly Roger 4. sì 5. le spezie.